ABC
DE LAS ARTESANÍAS

Primera edición: 2010

D.R. © Ediciones Tecolote, S.A. de C.V.
Gobernador José Ceballos 10
Colonia San Miguel Chapultepec
11850, México, D.F.
5272 8085 / 8139
tecolote@edicionestecolote.com
www.edicionestecolote.com

Colecciones: AAMAP y particulares.
Coordinación editorial: Ma. Cristina Urrutia
Fotógrafos: Silvana Agostoni, Nicola Lorusso,
Carlos Madrid, Aarón Ornelas,
Paulina Rodríguez y Tachi.
Diseño: Gabriela G. Luque
Corrección: Claudia Hernández
Colaboración: Mónica Bergna y Andrés Stebelski

Nuestro gran agradecimiento al Museo de Arte
Popular, así como a la Asociación de Amigos
del MAP, cuyo apoyo y entusiasmo hicieron posible
esta publicación.

ISBN 978-607-7656-34-0
Impreso y hecho en México

ABC

DE LAS ARTESANÍAS

alas · alas

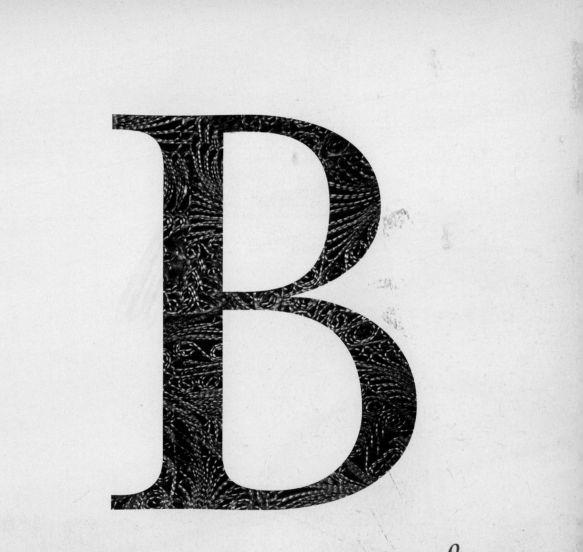

barco · barco

calaca · calaca

chango · chango

CH

diablo · diablo

escobetillas · escobetillas

F

fruta · fruta

gallo · gallo

helicóptero · helicóptero

I

iglesia · *iglesia*

jaguar · *jaguar*

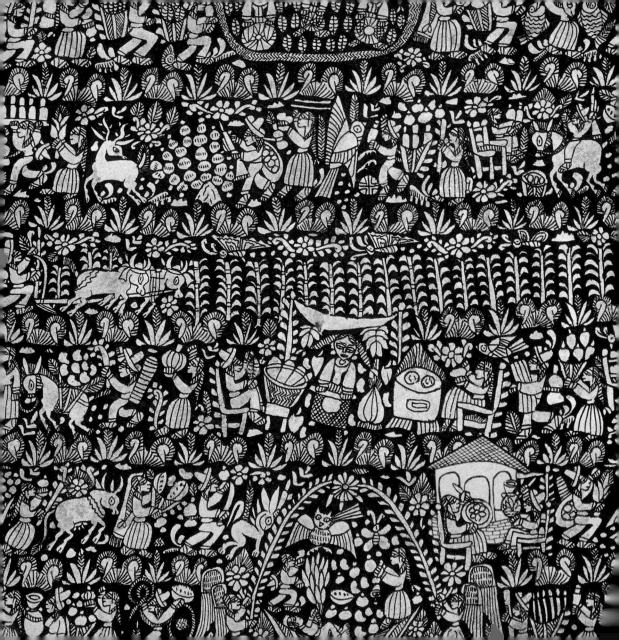

K

kiosco · *kiosco*

L

luna · luna

llaves · *llaves*

máscara · *máscara*

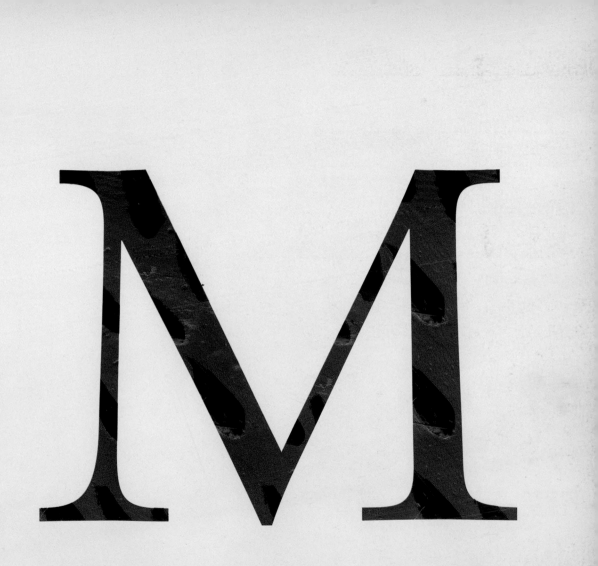

nopal · *nopal*

ñandú · ñandú

olla · olla

pera · pera

quexquemetl · quexquemetl

rueda · *rueda*

R

soldado · soldado

trompo · trompo

uvas · uvas

V

volcán · volcán

Wilfrido · Wilfrido

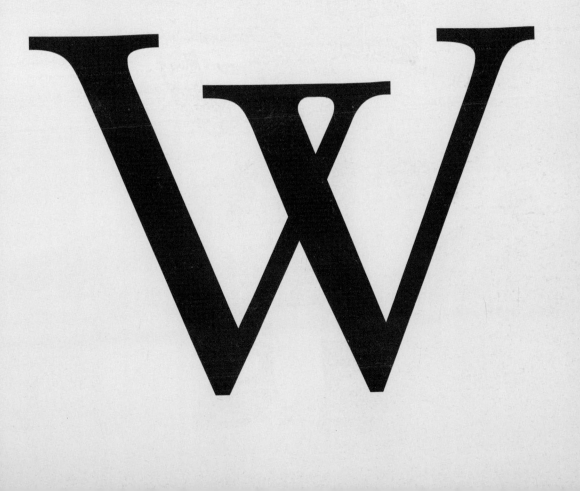

xilófono · *xilófono*

yoyo · yoyo

zapatos · *zapatos*

ABC

DE LAS ARTESANÍAS

Alas: *Mestiza.* Jorge Rosano. Papel recortado a mano sin plantilla. Distrito Federal.

Barco: *Galeón.* Felix Ramos Acosta. Filigrana de plata. Mérida, Yucatán.

Calaca: *Catrín en monociclo.* Paula García Ventura. Papel aglutinado, modelado y policromado. Distrito Federal.

Chango: Barro policromado. Amatenango, Chiapas.

Diablo: *Judas.* Papel aglutinado, modelado y policromado. Celaya, Guanajuato.

Escobetillas: *Escobetillas.* Fibras vegetales y animales, hueso y chaquira.

Fruta: *Maqueta.* Guadalupe Rocha.

Técnica mixta (madera y cartón recortados). Cuanajo, Michoacán.

Gallo: *Gallos de pelea.* Metal recortado. Oaxaca, Oaxaca.

Helicóptero: Guaje laqueado. Temalacatzingo, Guerrero.

Iglesia: *Mural textil.* Felipe de Jesús Morales. Manta bordada con hilo mercerizado. Oaxaca, Oaxaca.

Jaguar: *Jaguar.* Barro modelado y policromado. Chiapas.

Kiosco: *Amate.* Alberto de la Rosa. Papel amate y tinta. Ameyaltepec, Guerrero.

Luna: *Tabla huichola.* Estambre y cera de

campeche sobre madera. San Andrés Cohamiata, Jalisco.

Llaves: Hierro colado. Puebla, Puebla.

Máscara: *Tecuán*. Madera tallada y pintada. Chilapa, Guerrero.

Nopal: *Águila devorando a una serpiente*. Juan Seferino Rivera. Madera tallada, policromada y laqueada. Temalacatzingo, Guerrero.

Ñandú: *Ñandú*. Diana Gutiérrez. Chaquira y cera de campeche. Distrito Federal.

Olla: *Árbol de la vida, historia del mole de guajolote y alfarería de Puebla*. Alonso Castillo y Martha Hernández. Barro modelado y policromado. Izúcar de Matamoros, Puebla.

Pera: *Guaje*. Odilón Marmolejo. Plata martillada. Distrito Federal.

Quexquemetl: Algodón tejido en telar de cintura, brocado y bordado. San Pablito, Puebla.

Rueda: *Rueda de la fortuna*. Hipólito López Ortega. Madera recortada y policromada. Tilcajete, Oaxaca.

Soldado: Hojalata recortada y policromada. Oaxaca, Oaxaca.

Trompo: Madera ensamblada y policromada. Celaya, Guanajuato.

Uvas: *Diosa de las frutas*. Irene Aguilar. Barro modelado y policromado. Oaxaca, Oaxaca.

Volcán: *Paisaje*. Gabriel Olay. Plumas y óleo. Tlalpujahua, Michoacán.

Wilfrido: *Mamerto*. Papel aglutinado, modelado y policromado. Distrito Federal.

Xilófono: Gildardo Casimiro. Madera y aluminio policromado. Distrito Federal.

Yoyo: Delfino Cuaya Ocelotl. Madera natural. Atlixco, Puebla.

Zapatos: *Sara García*. Los Olvidados. Papel aglutinado, modelado y policromado. Distrito Federal.

Portada: *Camión de pasajeros*. Candelario Medrano. Barro modelado y policromado. Santa Cruz de las Huertas, Jalisco.

Colofón: *Caballo*. Papel aglutinado, modelado y policromado. Distrito Federal.

ABC de las artesanías
se terminó de imprimir en el mes de mayo de 2010,
en los talleres de Editorial Impresora Apolo.